MARIO RUBERI

Oltre i Confini dell'Arte

Dagli aspetti spirituali a quelli materiali

Questo lavoro editoriale

è dedicato alla memoria

di mio padre.

M.R.

PRESENTAZIONE

Ecco un libro prezioso, che giovani e vecchi amatori d'arte, dovrebbero leggere e tenere a portata di mano.

Da troppi anni il linguaggio artistico si è fatto oscuro, involuto e artificioso, da creare con clamorosa disinvoltura confusioni, assilli, errori e infine insofferenze per quell'atmosfera di truffa che grava pesantemente sull'arte.

Letteratura, giornalismo, radio, televisione, mostre d'arte, lanciati in gara per alimentare fino all'inverosimile questa piaga purulenta che ci ha portati al confino dell'assurdo e del caos.

E quel che è peggio è che a molti non è dato comprendere se tutto questo dipenda dalla mancanza di sapere o di conoscenza o di coscienza di ciò che è e rappresenta il fenomeno artistico di tutti i tempi, oppure se decisamente ora si voglia abbattere dalle sue fondamenta l'arte, l'ordine morale e la stessa società umana nella sua aspirazione di verità e di bellezza.

In questa situazione, talvolta decadente, del campo artistico, seminato di intimidazioni culturali, qualche raro e sensibile nonché coraggioso animo, si ribella cercando affannosamente luce e verità.

Fra questi Mario Ruberi, amante del bello e del buono, desideroso di portare chiarezza nelle affermazioni e diatribe in cui si dibattono gli ingombranti «ismi» e mode che si rincorrono, si accavallano vertiginosamente e si annullano vicendevolmente, cerca di avviare un colloquio, fra gli uni e gli altri.

Si incomincia così a comprendere da entrambe le parti che il parlare gli uni con gli altri rappresenta la condizione di una convivenza degna di uomini che tendono e aspirano a qualcosa di migliore e di più grande per giungere alla verità ed alla libertà.

Questi sono i lumi splendenti a cui mira Mario Ruberi attraverso il suo scritto. La verità tutta che si scorge e si vede fuori di noi e lontana da noi come una stella d'un altro mondo che ci fa giungere i suoi raggi luminosi e ci riscalda.

Cercando così, è certo che si cammina verso la saggezza.

Quella saggezza che ci parla poiché noi gli andiamo incontro fiduciosi e non cessa di mostrarti la perfezione e l'imperfezione di tutte le tenebre e di tutta la luce, di tutta la sua virtù presente e passata.

Il lavoro e il cammino di Mario Ruberi è la corsa di uno spirito in cerca del suo punto di partenza e del suo principio il vero, il bello, il buono.

Mario micheletti

INTRODUZIONE

La storia, narrandoci il continuo evolversi dell'umanità in forme nuove o di ritorno, può essere analizzata per ricavare gli elementi principali che determinano l'evoluzione stessa dell'umanità.

Questo studio non vuole essere una cronistoria dell'arte, ma un tentativo di esame critico dei moventi che hanno portato l'uomo alle varie espressioni che l'arte ha avuto nel tempo.

L'esame ci permette anche di conoscere attraverso questa espressione gli atteggiamenti che l'uomo ha assunto nei vari momenti della sua evoluzione sociale.

Sullo sfondo millenario di questo processo evolutivo, vediamo l'uomo, attraverso le sue manifestazioni imposte dal ritmo incessante del tempo. I secoli, le civiltà, le istituzioni modificano la struttura umana e la perfezione sul piano sociale.

L'uomo quindi, come società, tende sempre a migliorare. Non sempre il miglioramento favorisce invece l'individuo. La difficoltà di comunicabilità, l'esasperazione, la solitudine nelle grandi città testimoniano che sovente l'uomo si sente solo di fronte alla vita.

Attraverso la storia si vede l'azione dell'uomo; attraverso l'arte si comprende il suo spirito.

Appaiono però, sia pure allo stato larvale, i germi di una nuova concezione artistica e si intravede un felice ritorno ai valori reali. Questo studio non ha pretesa di enunciazioni profetiche, e neppure vuole essere un metro per misurare l'arte contemporanea con quella classica, ma cerca di esaminare l'arte come prodotto dell'uomo per comprenderne le tendenze.

L'arte deve essere esaminata in tutte le sue manifestazioni, non solo in quelle superiori, ma anche in quelle derivate; quali le applicazioni artigiane o l'uso dell'arte per influenzare la psiche dell'uomo; quale sia nell'espressione pubblicitaria.

Per quanto si possa cercare di interpretare il più appropriatamente possibile la posizione dell'uomo nell'arte del passato, ci è più connaturale capire qual è la condizione dell'uomo oggi e cercare di intravedere quali potranno essere le manifestazioni del domani.

L'autore

Parte Prima

ORIGINI DELL'ARTE

Molte sono le definizioni che si vogliono dare all'arte, e molti sono i coefficienti che agendo in concomitanza, partecipano alla creazione artistica di un'opera.

Nel tentativo di dare una esatta spiegazione di cosa sia l'arte, i pareri e i criteri di valutazione sono in genere alquanto contrastanti.

Molti credono di vedere in essa la più alta espressione umana del sentimento, strettamente unito alla ragione; frutto spontaneo delle forze spirituali.

È l'espressione dell'artista che amando, godendo o soffrendo intensamente, trasfigura la realtà in una maniera del tutto originale.

L'Arte è quindi espressione dell'anima, ossia del sentimento, tuttavia la semplice manifestazione del proprio ideale non è sufficiente per creare un'opera d'arte.

Per comporre un'opera d'arte occorre possedere anche una buona capacità artigianale, essere artefici esperti del pennello, delle note, delle parole, delle misure architettoniche.

Secondo Benedetto Croce la sola tecnica non è arte, tuttavia, senza tecnica neppure l'arte è tale[1].

È appunto la fusione armonica del proprio sentimento, con una mirabile capacità di esprimerlo con la materia, che rende un'opera immortale.

D'altra parte l'arte è visione e intuizione, non è limitata ad un fatto fisico, né ad un atto utilitario o morale, e senza dubbio ha carattere di conoscenza concettuale[2].

L'arte è dunque visione; così è nella pittura, nella scultura, nella musica; così è nella poesia, una rappresentazione immediata, genuina, spontanea del sentimento e dello stato d'animo di un uomo dal profondo sentire.

Le idee che il poeta esprime, per mezzo dei versi, vengono generate fuori da ogni procedimento logico o intellettivo e sfuggono in parte al controllo della scienza e della ragione.

Esse sono l'essenza dell'artista, il quale non può sollecitarle, non può volerle, perché scaturiscono dal suo essere profondo.

L'arte tutta è una completa e semplice espressione dell'humanitas, è insieme bellezza

---

[1] Croce, B., *"La critica e la storia delle arti figurative"*, Edizioni LaTerza, 1946
[2] *Ibidem*

formale, acutezza di pensiero, gioco di fantasia, calore di sentimento.

Essa esprime il contenuto ricco e razionale di una coscienza individuale o di un gruppo. Ragione suprema dell'arte è, dunque, un sentire, che più è complesso e vivo e più esige di essere espresso, quasi per una necessità di eternarsi.

La sua esistenza è una necessità umana e benché molti la ignorino, essa pur inconsciamente è sempre presente in ogni nostra manifestazione, dalle forme più semplici a quelle eccelse.

L'arte figurativa esprime per mezzo di forme lo spirito umano. Di fronte al mistero, al Divino, ai problemi del suo tempo l'artista prende posizione cercando di portare dei valori permanenti là dove essi non esistono ancora. Nasce un oggetto nuovo, che pur non essendo naturale viene collocato fra quelli naturali e rientra in quell'ampio e continuo processo di elaborazione e di modellazione che l'uomo nei secoli, compie nel mondo che lo circonda.

La nascita dell'arte è antichissima e trova le sue origini nella notte dei tempi, ossia con la comparsa dell'uomo sulla terra.

Già i nostri antenati nell'antichità, costruendo i pugnali per la caccia si sentivano spontaneamente portati ad incidere sulle impugnature scene varie di caccia, per evocare eventi magici, quasi propiziatori.

Le stesse caverne e grotte che li ospitarono per difenderli dal freddo e dalle belve, testimoniano oggi l'abilità dei nostri avi nel disegnare sulle pareti figure di animali o scene allegoriche della vita di allora.

Le osservazioni sull'arte preistorica e i disegni rupestri, spesso indicanti un linguaggio ancora incompleto hanno suscitato lunghe polemiche, relative all'arte figurativa e non figurativa, hanno fatto sorgere il problema di stabilire quale sia stata la prima forma di arte nel mondo.

È l'arte figurativa che diventa astratta per un processo di progressiva stilizzazione, oppure è il segno astratto che si è arricchito di vita attraverso fasi successive?

Al fine di stabilire con una certa approssimazione la realtà, occorre guardare all'indietro, prendere ad esame le prime forme di arte, quelle cioè primitive.

Le forme nelle età antiche indicano in genere una sapiente elaborazione più che un atto spontaneo. Lo si vede dalle numerose suppellettili ritrovate nelle tombe. Sono giunte a noi opere di eccezionale impegno nelle quali gli artisti si sbizzarrirono in un paziente lavoro di incisioni sulla pietra o nel ferro.

Purtroppo le vicende umane, mosse per molti casi da interessi individuali, hanno fatto sì che molte testimonianze riguardanti questo aspetto, fossero andate perdute. Si vogliono con ciò condannare apertamente ed in modo incisivo tutte quelle violazioni che, gente di pochi scrupoli ha commesso e continua a commettere in molte tombe antiche, o siti storici, deturpando e asportandovi oggetti che accompagnavano le salme di questi illustri personaggi.

La perdita di questi oggetti, oltre ad impoverire il corredo artistico di tutta l'umanità, provoca una grave ferita togliendo agli studiosi la possibilità di compiere maggiori indagini che risponderebbero a certi quesiti talvolta insoluti.

Sulla base delle testimonianze artistiche del passato si nota che ogni periodo storico ha la sua arte, quindi ogni forma di vita sociale ha una sua manifestazione estetica.

Seguendo le umane vicende, si riescono a comprendere le situazioni storiche che hanno causato i cambiamenti che l'arte ha subito attraverso il corso dei secoli.

Nella storia dei popoli si nota che le arti subiscono delle oscillazioni più o meno periodiche, degli alti e bassi, a seconda del comportamento di questa o di quella società.

La visione artistica di un popolo ne rivela il carattere e un attento esame dello sviluppo espressivo di una civiltà, svela le lotte e le modifiche che nell'ambito di questa società si sono svolte. Valga ad esempio l'arte egiziana.

Gli Egiziani si prefiggevano lo scopo di trasmettere ai posteri un ricordo della loro esistenza, imbevuta di riti religiosi e magici, rispecchianti forme d'arte piene di fascino.

Non potevano concretare la loro arte che attraverso le piramidi, i grandiosi monumenti tombali strettamente legati al culto dei morti e al concetto della loro eternità; o con le loro sculture stilizzate, immobili e misteriose. Esse guardano la vita che scorre, per gli egizi come un grande fiume, con solennità statica, mistica, enigmatica. Riflettono quindi il carattere di quel popolo.

Arte e storia, come si vede, camminano sotto braccio influenzandosi vicendevolmente. L'una è lo specchio dell'altra.

Ne consegue che una profonda conoscenza della storia, non solo aiuta a comprendere il fatto artistico, ma essendo la vita attuale il risultato storico della vita passata, la storia diventa anche risultante dello sviluppo di questa vita.

Questa definizione viene in un certo qual modo convalidata dal fatto che gli uomini in ogni tempo ed in ogni paese, furono sempre spinti, per una naturale tendenza, a cercare di conoscere il futuro.

Gli antichi lo chiesero dapprima agli astri, alle folgori, agli antri dagli strani effetti acustici, ai profeti.

Ma allorché la ragione umana si sviluppò e prese il dominio su quella fantasia primitiva, quell'ansia indagatrice mutò direzione e si prese ad interrogare il passato affinché rivelasse l'avvenire.

Il fine della ricerca storica è comprendere il presente: la storia fu proclamata maestra di vita.

Secondo Alexander Dorner, direttore del *Landes Museum* di Hannover, per comprendere il presente era necessario legarlo alla spinta evolutiva del passato, considerarlo cioè come una spinta verso una trasformazione di tutte le nozioni tradizionali, come un graduale processo di crescita in cui diverse correnti del passato si fondono insieme mutando così la loro stessa essenza".[3]

---

[3] Dorner, A., *"Il superamento dell'arte"*, Edizione Adelphi, 1964

RITORNI STORICI

Nella Grecia antica regnava una visione filosofica della vita, avente delle caratteristiche particolari legate ai ritorni della storia.

Tale concezione era imperniata sulla ripetizione delle cose. Tutto cambia e si modifica; si diceva, fino ad esaurire tutte le combinazioni possibili, dopo di che il processo inizia dal principio. La vita era vista come una grande ruota, che dopo aver percorso un lungo giro ritornava al suo punto di partenza.

Tale concezione fu ripresa da alcuni studiosi nel nostro secolo, tra i quali il filosofo tedesco Nietzsche, creatore delle teorie del superuomo.

Nella città di Torino, dove dimorò per molti anni, nacquero nella mente del filosofo i concetti dell'eterno ritorno da una acuta indagine alla storia, essendo stato egli un profondo conoscitore della critica storica e letteraria.

L'opera di Nietzsche interessò diversi uomini e anche in Italia Gabriele D'Annunzio subì l'influenza di questo pensiero.

Si affermò che «Grande, anzi grandissimo, ma limitato è il numero degli elementi di cui constano tutte le cose».

Ora, essendo infinita la durata del tempo, dovrebbe venire un momento in cui tutte le combinazioni possibili essendosi esaurite, cominceranno a ripetersi.

Ciò che fu, torna, e tornerà nei secoli.

Al fine di chiarire meglio questo pensiero può essere utile un esempio riguardante le lettere dell'alfabeto. Esse sono complessivamente ventidue e, benché il numero sia relativo, le combinazioni possibili fra di loro generano una infinità di parole.

Trattasi comunque sempre di una limitazione.

Similmente intesero i Greci, i quali pensarono che il pianeta sul quale viviamo fosse tutto un «Grande processo Organico» in cui ogni forma di vita è data dagli elementi che componevano le vite precedenti.

Anche sul piano della fisica esistono leggi che convalidano tale teoria; la legge fisica di Lavoisier del XVIII secolo afferma: «In natura nulla si crea e nulla si distrugge, ma tutto si trasforma».

Queste concezioni le ritroviamo nel pensiero di molti filosofi e di molti religiosi.

Nello studio dell'arte, non di rado si notano questi ritorni; varie forme di espressione primitiva o decorativa sono riapparsi dopo vari secoli dalla loro nascita.

In modo particolare questa similitudine balza evidente quando si confrontano certe epoche e le loro relative manifestazioni, con altre epoche di uguale sviluppo sociale e artistico.

FASI DELLE CIVILTÀ

Per meglio comprendere i vari movimenti della storia, potremmo guardare le epoche e paragonarle alle fasi di maturazione dell'uomo.

Nell'individuo il primo stadio è la fanciullezza, che si svolge su una trama di sogni e di fantasie.

Poi interviene l'età della ragione, che in genere è la parte più ricca di contenuto.

È l'età in cui l'uomo opera con maggior intensità di sentimento, passione, forza, volontà, intelligenza.

Ultima fase, la più vecchia, è quella in cui l'uomo rallenta, in un certo qual modo, il proprio ritmo creativo.

Queste fasi della vita individuale dove ognuno può rivedere sé stesso, sono quelle stesse, attraverso le quali si è espressa la mente umana, lungo l'arco della storia.

Così in ogni civiltà, da quella Egiziana alla Greca, dalla Romana alla nostra, esistono tre periodi ben definiti.

Il primo è il Periodo Arcaico, che rappresenta la forma primitiva di una società; i principi generali che si svilupperanno in seguito si trovano allo stato embrionale.

Nella stessa Religione l'uomo è soggetto completamente alla volontà Divina.

Tutto avviene per opera di Dio e tutto è già prestabilito.

L'uomo è solo un mezzo per compiere ciò che Dio dispone. Valga come esempio la civiltà Bizantina.

Il secondo periodo è quello Rinascimentale.

È questa un'epoca in cui s'impone trionfante la ragione, dove ogni cosa trova il suo equilibrio e il suo punto di arrivo.

Ciò che si compie in questo periodo è talmente perfetto che rimane per norma, ossia come esempio per l'avvenire. È l'Apogeo!

In genere ogni forma è concepita con simmetria specialmente nell'architettura.

L'ultima fase vede il trionfo del Romanticismo.

È un'epoca che preannuncia la decadenza di una società.

Vi si nota un disgregamento delle tradizioni, una dissolvenza nella morale e nei costumi. Nell'arte prende posto il manierismo.

Nell'architettura e nelle costruzioni in genere non vi è più simmetria, ma forme staccate a volte disordinate e nervose.

Comunque la fase decadente non è un'epoca da condannare, poiché fa parte di un processo naturale, il lento e cronologico avanzare dei secoli produce questo periodo, in cui morta una civiltà si attende che ne nasca una nuova.

Parte Seconda

ARTE E RELIGIONI ANTICHE

Volgiamo ora uno sguardo alle arti Religiose dei vari paesi, espressioni diverse del sentimento Divino, in relazione ai vari gradi di civiltà di un popolo, alle tradizioni, alla mentalità.

Da quando un popolo si schiude dallo stadio primitivo a quando raggiunge l'apice della sua civiltà, diverse fasi intercorrono nell'ambito della rappresentazione religiosa e sovente nelle opere arcaiche notiamo più del religioso che del Sacro.

Esistono di motivi precisi che spiegano questa diversità. Occorre tener presente che nell'antichità il concetto di religione si identificava spesso con quello della Nazione.

Vedasi ancora gli Egiziani, molto religiosi che adoravano il Faraone oltreché parecchi animali della loro terra e alcuni Dei, propiziatori delle varie attività umane.

Il culto dei morti raggiunge nella valle del Nilo una espressione imponente di riverenza; il Dio Osiride quindi diventa il Dio dei morti.

Trattasi comunque di Dei, Faraoni, animali, di un determinato paese.

La religione ha dunque un confine geografico, limitazione posta dalle conoscenze di allora. E ancora diremo che l'Egiziano, come individuo tolte alcune classi privilegiate era considerato una nullità.

Migliaia e migliaia di esseri umani vivevano e lavoravano per espressa volontà del Faraone, al quale spettavano pieni poteri di vita e di morte sull'intero popolo. In un simile ambiente l'individuo era letteralmente schiacciato.

E guai se taluni appellandosi ai diritti naturali dell'uomo chiedevano, non diciamo uguaglianza, ma almeno giustizia. Il Dio Faraone non concedeva rimostranze a chicchessia.

In Asia, la violenza delle forze naturali, quali piogge, cicloni, terremoti flagellano con impeto pauroso e gli uomini, specie gli Indiani sentono di essere nati per un destino di sofferenze.

Un faro di luce sarà portato dalla filosofia Buddista e le statue di quegli Dei rivelano un sorriso enigmatico, strano connubio di serenità e di dolore. Anche nell'arte religiosa l'umanità esprime in un certo modo la propria inclinazione psicologica.

Ciò che più impressiona l'uomo primitivo è senz'altro la paura, la mentalità primitiva dei selvaggi porta non già al ragionamento religioso, non comprendendo l'esistenza di un Dio, un essere superiore come lo concepiamo noi.

Essi avvertono per un istinto naturale l'esistenza di un'entità, di un qualcosa che sta sopra, che regge, che è più forte di loro, più forte della natura stessa, quindi ne hanno timore.

Ma nella misura che le genti si perfezionano sul piano sociale, l'idea religiosa si allarga come un oceano, oltrepassa le barriere poste dalla ristrettezza mentale primitiva e i popoli cominciano a comprendere che gli uomini tutti, nati in qualsiasi angolo della terra, sono eguali, specie davanti all'Essere Supremo.

Le forme artistiche primitive perdono il loro significato di scongiuro per acquistare una linfa più viva capace di fecondare i cuori.

Questi passi principali dell'arte Religiosa, che essendo un prodotto dell'uomo, ne illumina il cammino e permette a noi uomini moderni una visione comprensiva dei grandi problemi che travagliarono gli antichi.

La necessità di porre un freno alle passioni e ambizioni umane, vengono contemplate dalle varie religioni e adattate, o meglio diremo acclimatate ai vari popoli.

In Asia fiorisce il Cristianesimo, che allargandosi in tutto il mondo ispira gli uomini ad una visione più completa della vita improntata sulla fratellanza umana.

Quasi un terzo della popolazione del mondo ripone oggi il suo credo in un Uomo che visse realmente 2000 anni fa.

Il seme da lui gettato è quello della Carità e della giustizia, fu il primo che predicò l'eguaglianza tra lo schiavo ed i Re.

L'eredità spirituale è stata conservata dalla Chiesa, rivalutata e difesa nel tempo contro gli attacchi degli uomini. Sono giunte a noi le testimonianze incontestabili delle verità bibliche.

Essa cercò, non sempre con risultati positivi, di fecondare il seme embrionale e portare la luce della verità laddove le tenebre regnavano ancora.

Avrebbe dovuto essere guidata da uno spirito di povertà e dal distacco dai beni terreni, per adempiere veramente alla Sua opera, predicando la carità, la giustizia e la fratellanza tra gli uomini.

Con la venuta di Gesù Cristo sulla terra, le forme di Religioni locali perdono pian piano la loro consistenza, ovvero la visione individuale assume un aspetto diverso, e vengono sorpassate quelle limitazioni che la vita d'allora imponeva. Una nuova influenza ispira gli uomini liberandoli da un'aderenza unicamente terrena e materiale.

Nella luce del Cristianesimo inizia per l'umanità una nuova era.

L'ARTE NEL CRISTIANESIMO

Attraverso i secoli, vediamo che il Cristianesimo ha portato un valido contributo all'arte, elevando il genio umano alle più alte vette dello spirito e avvicinandolo alla suprema Bellezza.

Gli artisti, sostenuti dalla fede Cristiana, seppero far palpitare le tele, diedero vita al marmo, animarono crete e metalli e, con colori e melodie resero grande omaggio alla gloria di Dio.

Non è possibile allacciarsi alle prime espressioni di quest'arte senza guardare all'arte delle Catacombe, che molta importanza ebbero, nella storia del Cristianesimo. In esse troviamo l'espressione di un'arte funeraria, piena di speranza della vita nuova e della resurrezione.

In quelle mura è impregnata tanta santità e tanto eroismo, che l'arte stessa assume un valore spirituale che va oltre il valore artistico.

Gli affreschi e i graffiti; umili inizi di uno sviluppo artistico, portano in sé la promessa di futuri capolavori. Sovente ritroviamo sulle mura delle catacombe i soggetti a cui la pittura Cristiana attingerà posteriormente.

L'arte cristiana comunque non trova solo le sue origini nelle buie catacombe. Essa fu pure influenzata in parte dall'arte Orientale in genere.

L'arte Iranica, Assira, Babilonese, Egiziana, Italica, Fenicia, legate all'arte di Creta e Micene, prima e a quella Greca, dopo.

Quest'arte Orientale s'imbeve volentieri alla fonte della fantasia abbandonando sovente la realtà, per seguire sogni misteriosi, compiacendosi pure di una certa astrazione e ornamentazione.

Tale forma di espressione interessò pure i primi Cristiani, che furono più sensibili alla sua irrealtà, che alle forme troppo realistiche dell'arte Greco-Romana.

A Roma, intanto, i Cristiani appena ottenuta la libertà per merito di Costantino I, passarono dalle case private, dove avevano esercitato il culto durante le persecuzioni, a iniziare con fervore la costruzione di luoghi di culto.

Vennero utilizzate case private e alcune terme, luoghi di preghiera che non possiamo ancora denominare Basiliche, in quanto le vere basiliche, quali San Giovanni in Laterano, San Silvestro, San Lorenzo, furono costruite più tardi. Con opportuni adattamenti si iniziò così in piena libertà l'esercizio delle funzioni religiose.

Per la costruzione di questi templi si sfruttò diverso materiale proveniente da edifici pagani; il trasporto, la fretta, la povertà degli elementi costruttivi impiegati, fecero sì che ben poche di queste opere si conservassero, quasi tutte furono rifatte in un secondo tempo.

Il 18 novembre del 324 D. C., sotto la guida di Papa Silvestro, si consacrò la prima basilica di San Pietro.

Essa si elevava sopra la tomba dello stesso Santo, e Costantino che la eresse rendendo grazia a Dio per le sue vittorie, fece scrivere sulle mura le seguenti parole:

> *«Sotto la Tua guida l'Universo si è innalzato, verso il Cielo nella luce del trionfo; per cui Costantino, il Vincitore, t'ha innalzato questo palazzo».*

Questo edificio prima ancora di essere Basilica, rappresentava l'antico Oratorio, costruito sotto il Pontificato di Anacleto, terzo Vescovo di Roma.

Dell'antica Basilica di S. Pietro abbiamo notizie da Emile Berteaux, il quale riporta della lenta demolizione della chiesa innalzata da Costantino, durante il XVI secolo, per far posto all'edificio sormontato dalla cupola di Michelangelo[4].

Prima della demolizione vennero eseguite piante e disegni, per cui l'architettura dell'antica chiesa è oggi conosciuta fin nei minimi particolari.

---

[4] Berteaux, E., "Rome" in *Les Villes d'art célèbres*, Paris, Libraire Renouard H. Laurens, 1904-1905

La chiesa di San Clemente conserva tuttora la pianta iniziale che aveva a suo tempo San Pietro.

In queste prime chiese, gli artisti ebbero modo di esprimere liberamente la fede, sì che la loro opera diventò una missione.

Essi predicarono col pennello e con lo scalpello; questo messaggio, dalle mura delle catacombe, s'ingrandisce e s'intensifica.

Dalla penombra delle catacombe ai tesori dell'arte Romanica, dalle chiese di Ravenna alle cattedrali Carolinge; ovunque è un fiorire di creazioni che, rendendo omaggio a Dio, eleva ed onora gli uomini.

ARTE SACRA E RELIGIOSA

Molta confusione è stata fatta e rimane su questi due termini e conviene qui, sia pure in brevissima sintesi, cercar di chiarire il concetto e la differenza fra questi due vocaboli.

Il termine «Religioso» si riferisce essenzialmente ai soggetti riguardanti la vita religiosa, siano essi immagini, scene bibliche o evangeliche, insegnamenti morali ecc.

Il termine «Sacro» invece non si ricollega necessariamente ad un insegnamento dogmatico preciso.

Il sacro si eleva al di sopra dell'uomo; le opere religiose, per essere Sacre richiedono da parte dell'artista una adesione spirituale Sacra anch'essa, unitamente ad una lontananza dal mondo profano.

Nel senso generale invece, possiamo dire che tutta l'arte, quando è veramente tale, è sacra per sé stessa e queste affermazioni non fanno che convalidare l'andazzo di certi scrittori che si pascono di idee tolte a prestito, o di seconda mano, cosicché si continua a raccogliere nel campo del decretato, anche se questo è seminato di zizzania.

L'arte sacra per la sua nobile destinazione è tenuta dalla Chiesa nella massima considerazione in quanto nessun altro elemento contribuisce così efficacemente ad indirizzare le menti degli uomini al culto divino.

Per tali motivi la Chiesa ha sempre favorito le arti in genere, ed ha sempre promosso il loro alto servizio, onde splendessero veramente per dignità, decoro e bellezza i segni delle realtà soprannaturali.

L'infinita bellezza Divina è stata espressa dalle opere dell'uomo con la massima libertà (nella maggior parte dei casi) attraverso l'arco della storia; e la Chiesa si è sempre preoccupata di accogliere e conservare in grande misura le suppellettili artistiche delle varie epoche per rendere omaggio a questa nobile attività dell'ingegno umano.

Vengono quindi ammessi quei cambiamenti che il progresso della tecnica ha introdotto nel corso dei secoli. La Chiesa non impone un particolare stile artistico, né ad essa spetta il magistero diretto sull'arte estetica. Forme artistiche di ogni epoca sono state accettate; da quelle Bizantine alle Barocche, e questo onora la tradizione cristiana.

L'arte religiosa il cui vertice è l'arte sacra, non è un genere speciale dell'arte, ma, per il suo contenuto particolare si distingue per la sua alta finalità. Ciò richiede una predisposizione di animo in conformità al soggetto trattato.

L'arte è sentimento, l'arte sacra è quindi sentimento sacro. Tale impostazione è pure stata espressa dal Concilio Ecumenico nella trattazione di questo argomento.

Un paesaggio o una natura morta possono anche essere concepiti in condizioni psicologiche non equilibrate, la rappresentazione del sacro richiede invece la piena coscienza di ciò che si crea.

Con tali premesse si vuole dimostrare che la Chiesa non assume un atteggiamento d'opposizione verso le forme moderne, tuttavia conviene ricordare che i templi del culto non sono gallerie o esposizioni di arte e che un'immagine non è solo un bell'oggetto estetico da contemplare, ma deve favorire la preghiera.

L'arte sacra è destinata alle grandi masse, non deve perciò creare malintesi e non devono esserci alcune possibilità di interpretazioni arbitrarie.

La vera difficoltà sta quindi nel creare un'opera il cui linguaggio sia comprensibile a tutti senza con ciò abbassarsi ad un livello prettamente commerciale. Per questi motivi la fase di rimodernamento ha da essere accettata con una certa cautela.

Accettare un soffio di modernità non significa distruggere il passato, pure sono da biasimare quelle immagini derivanti dalle ultime correnti della moda che sembrano essere depravazioni e deformazioni della vera arte e offendono apertamente l'ideale Cristiano e il sentimento religioso. Così pure molta produzione viene eseguita in serie al servizio di un commercio che sfiora quasi il sacrilegio,

Lo Spirito del Concilio Ecumenico che ha guardato a questi casi dolorosi richiama ad una serietà e solennità liturgica. Allo stesso modo e per contro la mentalità moderna si allontana e non può accettare quelle forme di rappresentazione del sacro che conservano ancora elementi che profumano di mitologia.

Scene allegoriche, che stimolano la fantasia, pur nate in buona fede, rappresentano deformazioni a volte esagerate del sacro.

Si tratta quindi di dare al popolo un senso giusto e reale della devozione, anzi è necessario rigenerarla con uno spirito autenticamente liturgico, da cui probabilmente non si sarebbe mai dovuta distaccare.

Allo stesso modo le disposizioni del Concilio Ecumenico, stabiliscono di mantenere l'esposizione nelle chiese delle immagini sacre; tuttavia in numero moderato e nell'ordine dovuto, per non destare ammirazione nei fedeli, e per non indulgere ad una devozione non del tutto retta.

Tale disposizione vuole moderare certe forme esagerate di rappresentazione sacra che talvolta vediamo in certe chiese. In alcuni casi si era giunti a porre in vetrina un tale numero di Santi, da fare un vero e proprio defilé. A questo si aggiungano tutti gli ornamenti eccessivi e gli ex-voto rappresentati da quadri, cuori dorati e via dicendo.

Nel libro di Miguel Nicolau, leggiamo a proposito:

> *«Il moltiplicarsi delle immagini era giunto a creare in alcune chiese un vero caos, che non evocava precisamente il magnifico spiegamento della corte celeste. Si aggiungano i sentimentalismi, il pietismo dolciastro, le stupide stilizzazioni pseudo-moderne e si comprenderà che molte volte le immagini avvilivano i Santi che pretendevano di glorificare. Molti fedeli colti e di buon gusto si sentivano in tal modo respinti da questo aspetto di bazar offerto dalle chiese»*[5].

In questa disarmonia fra la Chiesa e le arti, sottolinea ancora il Papa le responsabilità sono reciproche.

Tuttavia il Santo Padre si sofferma soprattutto sulle deficienze che ci furono da parte della Chiesa, riconoscendone la propria responsabilità, imponendo come canone primo l'imitazione.

La chiesa suggeriva un certo stile per tanto occorreva adeguarsi, così come al seguire certi canoni o seguire talune tradizioni.

---

[5] Nicolau, M., *"Costituzione Liturgica del Vaticano II: testo e commento teologico e pastorale"*. Edizioni Paoline, 1965

Esiste ancora un altro elemento che gioca, nel complesso dell'arte sacra. Riguarda la predisposizione di animo di chi attua un'opera. L'artista esprime sovente la sua personalità nell'arte, e quindi la vera essenza di un'opera sacra si trova prima ancora che nella forma, nel cuore di chi la crea.

L'esternazione del sentimento religioso richiede pure una vita religiosa. Musica o pittura, architettura o scultura sono legati a questo sentire dell'uomo.

Il fine che deve avere un compositore di musica Sacra, non è di piacere al popolo ma di dar gloria a Dio.

La musica deve essere una forma di preghiera. E lo è infatti. Come disse Sant'Agostino: *"chi canta bene, prega due volte; in conseguenza chi compone bene un canto sacro prega due volte"*.

Essendo l'arte una forma di espressione, l'artista, nell'opera rappresenta parte di sé stesso. È la psicologia dell'arte che permette di rilevare segni caratteristici di questo o di quel personaggio, indipendentemente dalla volontà dell'operatore.

Nell'arte sacra lo spirito animatore dell'opera deve necessariamente sentire l'Ideale Cristiano per poterlo tradurre. È materialmente impossibile dare quello che non si possiede.

L'adesione mentale all'Ideale Divino è un soffio vitale che viene trasmesso nell'opera e da questa emanato a sua volta; l'ispirazione che ne deriva è come un raggio riflesso che ha la sua origine nella mente dell'uomo.

Papa Pio XII afferma che l'artista senza fede o lontano da Dio con il suo animo e con la sua condotta, in nessuna maniera deve occuparsi di arte religiosa; egli infatti non possiede quell'occhio interiore che gli permette di scorgere quanto è richiesto dalla maestà di Dio e dal suo culto.

Né si può sperare che le sue opere prive di afflato religioso, anche se rivelano la perizia e una certa abilità esteriore dell'autore, possano mai ispirare quella fede e quella pietà che si addicono alla maestà della casa di Dio.

L'artista invece che ha fede profonda, agendo sotto l'impulso dell'amore divino, e mettendo le sue doti a servizio della religione, per mezzo dei colori, delle linee e dell'armonia dei suoni farà ogni sforzo per esprimere la sua fede e la sua pietà con tanta perizia, venustà e soavità, che questo sacro esercizio dell'arte costituirà per lui un atto di culto e di religione, e stimolerà grandemente il popolo a professare la fede e a coltivare la pietà.

Nel corso dei secoli l'arte sacra, ha subìto un'evoluzione, che riguarda non tanto il contenuto, quanto la forma, cioè i modi di espressione.

Possiamo esaminare questa evoluzione e vedere come certi grandi artisti hanno risolto il problema di creare delle opere sacre che pur accettando l'ideale moderno, non rinnegano il passato; anzi su questa base ha inizio un paziente lavoro per innestare nella globalità dell'esperienza classica tutti i possibili elementi che la nuova tecnica mette a disposizione.

L'architettura sacra ad esempio, pur nel secolo che ha visto guerre, massacri, covid e attacchi terroristici, non ha dimenticato lo studio per la costruzione dei luoghi di culto, come i monasteri.

Abbiamo l'esempio di alcuni architetti che prima di iniziare la progettazione, hanno voluto provare la vita del Convento.

Loro stessi vivendo in queste oasi di pace, dove il tempo assume dimensioni diverse hanno cercato di comprendere le necessità e i problemi pratici che occorre risolvere per la vita di un monastero.

Il Convento Francescano della Clarté-Dieu, a Orsay, costruito dagli architetti Luc e Arsène Henry, viene oggi considerato come una delle grandi opere d'arte sacra del nostro tempo e risolve il problema realistico della vita dei frati.

Similmente il grande architetto Le Corbusier, nel suo convento di Arbresle, pur avvalendosi di materiali moderni e accettando una linea attuale è riuscito nel suo intento: a rispettare l'imperativo della regola.

L'architettura, la musica, la pittura, la scultura hanno offerto i loro mirabili doni alla liturgia cattolica. Pure le arti minori hanno concorso ad arricchire questo patrimonio, che la Chiesa ha conservato in modo encomiabile.

Essa, facendo tesoro di queste opere d'arte, ci fa partecipi di quegli splendidi capolavori che l'uomo ha creato col suo genio.

Il Cristianesimo, dando un senso nuovo alla vita e alla morte, ha creato una nuova civiltà. Per mezzo dell'arte ha plasmato il suo culto con una liturgia che diviene un capolavoro di pensiero e di bellezza.

Parte Terza

ARTE ASTRATTA

Attraverso i secoli, l'arte, come tutte le cose, subisce un processo evolutivo.

Questa evoluzione non è determinata da gusti personali, da mode o capricci, ma sono proprio le varie epoche che danno un carattere particolare alle arti in genere. All'inizio del secolo precedente è sorto un nuovo modo di rappresentare le cose.

La ricerca scientifica e l'indagine profonda che caratterizzano la nostra epoca hanno influenzato le arti, perché il pensiero umano è tutto rivolto a scoprire il conscio e l'inconscio di ogni cosa, per cui gli artisti non si limitano più a rappresentare ciò che vedono esternamente, ma tendono ad analizzare anche gli aspetti interni.

Ciò fa nascere un'arte che scaturisce sia dal pensiero che dai moti interni, ossia l'arte astratta.

Per sviscerare la complessa matassa dell'astrattismo, sono necessarie alcune premesse di carattere storico. La nostra attuale civiltà ha la caratteristica di accentuare, in misura abbastanza evidente, i mezzi principali di sussistenza umana.

Inoltre l'azione delle oligarchie dominanti mira a cristallizzare nel lavoro ogni interesse atto a creare le condizioni materiali e spirituali dell'esistenza umana. Ne consegue una tendenza nell'individuo a considerarsi estraneo al resto del complesso sociale.

Negando quindi la possibilità di un dialogo umano, si forma tra le classi sociali una reciproca indifferenza che porta all'individualismo.

Considerando la persona, solo come un soggetto slegato dalla coscienza comune, nasce nell'artista un senso di isolamento che crea le condizioni per il manifestarsi di un'arte cerebrale, idealistica a sfondo psicologico, denominata Astratta.

Non sempre questi possiede e sente ideali che lo legano ai suoi simili, egli si chiude in sé stesso, in un esasperato soggettivismo, quasi una legittima evasione personale.

Distanziato dal mondo esterno, l'artista, cerca di scoprire la sua vera personalità e di ritrovare così sé stesso e le ragioni più profonde del suo essere.

L'artista attinge prevalentemente dall'intelletto (come Mondrian) e meno dal sentimento che piano piano tende ad annullarsi.

L'arte astratta produce splendidi capolavori di cromatismo. Gli accostamenti di colore trovano in quest'arte la più felice delle possibilità, celando ai più, quel contenuto umano che sempre deve sostenere un'opera d'arte.

La difficoltà nell'esprimere con libertà i propri sentimenti porta ad un approccio sempre più razionale.

L'egocentrismo prende il predominio su di noi, trionfa la mentalità commerciale e utilitaria della quale diventiamo purtroppo inesorabilmente schiavi.

Potremmo dire che uno dei sentimenti umani più deplorevoli della nostra epoca, è l'incapacità di sottrarci all'angoscia, ogni qual volta ci troviamo di fronte a un'idea nuova, e la difesa più comune verso tale angoscia consiste nell'ostilità, nell'intolleranza, nell'impossibilità a comprendere il punto di vista altrui.

Di fronte ad ogni novità, l'affanno, ci porta inevitabilmente a una specie di fuga verso mondi lontani, verso modi di pensare più complessi e scuri e ne risulta irreparabilmente una diminuzione di energia creativa. Nessuno osa contestare che il nostro secolo vive sotto il segno e il dominio della ricerca.

La divorante crescita di quest'albero proietta una grande ombra sulle altre attività creatrici; l'uomo si conosce sempre meno.

Tale tendenza irrazionale sul piano contenutistico pone questa forma di arte in relazione ai fatti sociali che abbiamo accennato e denuncia con chiarezza l'espressione di una società decadente, nonché una crisi profonda dell'idealismo.

La mancanza di questo sentimento può risiedere appunto in questo distacco dell'artista dalla Società.

MANCANZA DI IDEALI

Un altro aspetto della nostra società è la scarsità di ideali. La causa di questa povertà idealistica va cercata nel periodo in cui questa generazione è cresciuta.

Tempi di sconcertamento morale per il succedersi di tragici eventi che hanno fatto perdere la fede in ciò che prima si era creduto: avvenimenti come l'attacco terroristico dell'11 settembre alle torri gemelle o la distruzione di opere d'arte da parte di gruppi sovversivi.

Queste continue guerre, rivolte, insurrezioni del nostro secolo, influenzano le arti, e inevitabilmente ne riflettono lo spirito irrequieto e sofferente, cercando invece una verità concreta, statica ed assoluta.

Nella ricerca di questa verità, diverse sono le interpretazioni che vengono date a questi fatti.

Si sa che nel secolo passato il nostro paese ha assunto colorazioni molto scure, tendenti al nero.

Ma fortunatamente quella lastra dalla superficie scura, s'è da tempo incrinata, e dalle fessure ne sono uscite decine di colori.

Rosso, giallo, verde, bianco, blu, arancione, violetto. Sono bellissimi colori, miriadi di colori, allegri, festosi, leggeri e danzano e cantano. Formano un superbo arcobaleno.

E gli artisti? Che fanno i giovani artisti, di fronte a questi colori vivaci?

Gli artisti si servono di questi colori; li prendono, li dispongono con ordine sia logico che emozionale sulla tavolozza, e fanno dei quadri.

Sì! centinaia di quadri, migliaia di quadri; allegri, festosi, leggeri che danzano e cantano.

E a chi chiedesse: «Cosa dicono quei quadri?», possiamo rispondere: «Ai posteri l'ardua sentenza».

Quest'arte che si astrae è un fenomeno naturale, prodotto dalle sofferenze passate che hanno fatto disdegnare, ai puri, un periodo storico non più accettabile.

Non bisogna tuttavia confondere gli artisti di animo puro con quelli che prostituiscono l'arte per scopi solamente venali. Può anche darsi che oltre alle sofferenze passate quest'arte voglia esprimere un senso di ribellione all'idea di ritrovarsi in un prossimo domani nelle stesse circostanze.

Esiste ancora un altro elemento che a mio avviso è pure una causa del manifestarsi di queste opere informali. L'impostazione particolare della vita di oggi porta inevitabilmente ad un contatto continuo, che obbliga milioni di esseri a compiere delle attività identiche ad altri uomini.

La comunanza di lavoro e di vita crea una standardizzazione di idee. Milioni di uomini guardano alla sera gli stessi programmi televisivi, si alzano al mattino alla stessa ora, riprendono la giornaliera routine.

Questa condotta collettiva influisce sovente sull'animo degli artisti, specie in coloro la cui sensibilità è più acuta. Avviene in loro una ribellione interna e inconsciamente riflettono nell'arte questo aspetto psicologico e sociale.

Può avvenire nell'artista un distacco crescente, a volte inconsapevole dal mondo esterno, che si manifesta in un'astrazione propria verso gli aspetti più naturali dell'arte stessa, fino a cancellare in lui anche il ricordo dell'arte tradizionale.

Tirando le fila del nostro discorso possiamo ancora fare alcune precisazioni sulle arti informali in genere e dire che già al tempo del futurismo e del cubismo si avevano avuto i primi sintomi di una irrequietezza in certi gruppi di artisti che avevano sentito la necessità di un rinnovamento di quegli schemi classici, che raggiunta la perfezione con i grandi maestri del passato, non potevano più essere né superati né ripetuti. Un esempio di ciò sono le opere di Picasso e Braque fondatori del cubismo.

L'ARTE NEL DOPOGUERRA

L'ondata fascista dopo aver percorso quasi tutta l'Europa e dopo aver anch'essa a suo modo influenzato le arti di epoca Vittoriana, cadeva successivamente nel '45 con la fine della Seconda Guerra mondiale.

In Italia, l'arte pareva risvegliarsi da un lungo sonno, e per alcuni anni si è ripresentata come lo era prima del regime, con tutta la sua libertà, proprio per una naturale reazione al ventennio passato in letargo. Riapparivano le forme astratte e l'avvento dell'informale creava squilibri profondi con l'arte tradizionale.

Occorre però tener presente che quest'arte veniva eseguita nella maggior parte dei casi da persone che nel '45 avevano già una certa maturità, mentre le nuove leve di giovani nati alcuni anni prima della guerra, non si erano ancora affacciati alla ribalta.

Trascorsa però la generazione del Piave, le cose nel campo artistico cominciarono a cambiare, vuoi per i cambiamenti politici, vuoi per un interesse più ampio e profondo da parte dei giovani, alle realtà sociali.

Molti miti che nel passato entusiasmavano i cuori dei nostri padri, cominciano piano piano a crollare, sicché nuovi idoli riempiono i vuoti altari.

Notiamo che anche la cultura subisce un processo evolutivo, essa non è più un privilegio di pochi, ma si apre alle grandi masse, i giornali, la televisione, e i mezzi di comunicazione consentono una visione più chiara della realtà delle cose.

La stessa istruzione diventa obbligatoria, affinché ognuno sia cosciente e in grado di partecipare attivamente alla vita e allo sviluppo sociale.

Anche le gerarchie regali, che per "volontà supreme", regnarono per lungo tempo, vengono sostituite da rappresentanti del popolo, chiamati dal paese con libere elezioni.

In tutto il mondo sorgono nuovi stati che rivendicano la loro indipendenza. La detronizzazione non risparmia nemmeno loro che con la forza arrivarono al potere.

La nobiltà di sangue cessò di essere un privilegio.

Questa lenta avanzata sociale è la logica e naturale conseguenza dello sviluppo storico di un popolo, che per raggiungere questo traguardo è passato attraverso patimenti, guerre, tribolazioni, per ottenere la libertà.

Tutti questi sacrifici, talvolta sovrumani, furono sopportati nella speranza di ottenere forme di vita migliore per il nostro futuro.

È stata una ascesa costante, pagata col sangue!

È stato il riscatto di un popolo che all'inizio in umili condizioni di vita, riusciva ad elevarsi dalle origini feudali e passando attraverso il lavoro, in successive fasi di progresso, creava una forza, cosciente, operante ed in grado di amministrare con diritto i propri destini.

Tutti questi sforzi, per il vero non sono stati vani, l'esempio è stato raccolto nella pienezza del suo valore dalle nuove generazioni e spesso vediamo che nelle contese contro le aggressioni e le forme di prepotenza, i giovani si allineano nelle primissime file per consolidare gli sforzi fatti in questo senso e soprattutto per rendere omaggio alla memoria di coloro che sono caduti nel perseguimento degli ideali di pace, giustizia e libertà.

Questi rinnovamenti che si sono verificati nel campo politico e sociale, sono stati sentiti e rappresentati anche nel grande libro dell'arte.

Nel campo artistico quindi inizia una nuova presa di coscienza. Però, come accade sovente, i cambiamenti non avvengono mai in modo repentino, ma fra un tempo e l'altro esiste sempre un periodo di transizione. È in questo periodo che le arti risentono la crisi.

È il momento della congiunzione; da una parte vediamo sfasciarsi la condizione vecchia, sorretta unicamente da qualche acceso nostalgico, dall'altra vediamo affacciarsi quella nuova, che però non ha ancora trovato il suo baricentro ed è alla costante ricerca del suo punto di equilibrio.

Lo stesso Dorner afferma che nella confusione, che caratterizza un periodo di conflitto tra il vecchio che sta alla superficie e il nuovo che si fa strada, riesce estremamente difficile, per chi è sensibile a tutte e due le esigenze, trovare un asilo sicuro[6].

Molti credono di vedere nel periodo attuale il movimento di transizione.

Le opere informali, l'astrattismo, il surrealismo e tutti gli "ismi", pur differenziandosi fra loro, trovano è vero una giustificazione storica, ma testimoniano anche la crisi della nostra civiltà.

L'ampia parabola sta spegnendo il suo corso in attesa di un totale rinnovamento,

Alziamo le vele per correre migliori acque.

---

[6] Dorner, A., *"Superamento dell'arte"*, Edizione Adelphi, 1964

Se da una parte, la ricerca costante di nuovi mezzi d'espressione crea in molti artisti un'avversione per tutto ciò che è classico e che sa di vecchio, dall'altra negli ultimi anni, vi è anche una riscoperta delle tradizioni.

L'aspirazione a formule nuove produce delle opere che in taluni casi, pur ammirandone l'ingegno e l'estrosità di chi le ha create, si allontana e prende le distanze dall'arte conosciuta, quella più classica, e tutto ciò, quasi a riprendere le parole del manifesto futurista che con impulsivo slancio giovanile ammoniva:

«Siano sepolti i morti nelle più profonde Viscere della terra. Sia sgombra di mummie la soglia del futuro, largo ai giovani, ai violenti, ai temerari!»[7].

L'ondata del rinnovamento artistico è in un certo qual senso auspicabile e necessaria, Il progresso e la tecnica portano delle innovazioni profonde e ciò che ieri era di comune dominio, oggi diventa retaggio del passato; parimenti dev'essere per le forme artistiche in genere.

Probabilmente, accompagnava negli uomini del passato la convinzione di poter costruire delle realtà immutabili, e, con tale concezione cercarono una perfezione statica che trapela

---

[7] Severini G., Boccioni U., Carra' C. D., Russolo L., Balla G. *"Manifesto dei pittori futuristi"*, Poligrafia Italiana, 1910

dalle loro opere e dal loro pensiero; la lentezza delle trasformazioni rendeva allora valida questa posizione.

Noi viviamo oggi in un mondo dove la civiltà è quella dei consumi, dove ogni realtà appena formata è già distrutta dall'incessante ritmo di questo divenire storico.

Il concetto di spazio e di tempo assumono diverso significato e perfino il concetto stesso di legge naturale subisce una revisione profonda.

Tutti gli «ismi» nati con il XX secolo, trovano una giustificazione storica e la loro apparizione è talvolta violenta e sconcertante. Il travaglio interno dell'artista sbocca irruente con l'impeto che il sentimento e la passione trasportano inevitabilmente.

È la liberazione dei più reconditi pensieri, è l'esternazione di una forza interna primitiva, è l'esaltazione di un ideale sentito.

Forza, passione, sentimento, accesi da questo spirito innovatore sovente vanno al di là di certi limiti fino a raggiungere in taluni casi lo sconfinamento.

Nel superamento di questi limiti l'uomo sposta i suoi confini espandendo il suo sentire e la sua immaginazione.

Certe rappresentazioni che possono sembrare troppo audaci, superano certamente la sofferenza dell'artista e mostrano gli aspetti più intimi della sua anima.

L'insofferenza del nostro secolo, la ricerca affannosa, il travaglio individuale; sono sentiti dall'uomo e si possono finalmente rappresentare.

L'artista non solo non è più legato alla rappresentazione dei problemi del suo tempo, ma, come vediamo attraverso la storia, egli compie su ciò che lo circonda un'opera modellatrice, portandovi un ordine intellettuale, morale, estetico.

Nello sconfinamento artistico possiamo troviamo diversi tipi di espressioni estetiche. Alcune di esse possono essere il risultato di mutate condizioni psico-fisiche che obbligano l'artista a percorrere nuove strade di riferimento.

Ad esempio, nel caso di una riduzione visiva il pittore potrà cercare nuovi riferimenti atti ad appagare i moti del suo animo, superando dunque la limitazione fisica.

Parte Quarta

MARKETING E PUBBLICITÀ

Nei capitoli precedenti abbiamo visto che l'arte, oltre alla sua funzione estetica, porta sovente in sé dei valori che superano la semplice rappresentazione e i suoi confini.

La ricerca di questi valori, è l'essenza di questo studio che cerca di cogliere questi elementi che si sprigionano fatalmente da un'opera d'arte.

Un altro elemento che ora brevemente passiamo ad esaminare riguarda l'arte nella pubblicità.

Un'economia come la nostra di oggi, basata essenzialmente sui beni di largo consumo non poteva non tener conto della grande importanza che assume la pubblicità.

Portare un prodotto alla conoscenza generale, imporlo all'attenzione del pubblico e cercare di far penetrare nella mente dell'osservatore l'idea di quel determinato prodotto, diventa della massima utilità.

Dapprima la pubblicità era considerata una caratteristica di lusso, ma con l'aumento della concorrenza e in taluni casi delle imitazioni, la pubblicità diventò una specie di difesa necessaria, anzi obbligatoria.

Nella stessa misura che aumenta l'esigenza di propagandare un prodotto, nasce la necessità di presentare questo prodotto con una veste sempre più accattivante.

La ricerca di ogni mezzo per colpire e imporre un nome, diventa il problema numero uno negli studi pubblicitari delle case commerciali.

L'indagine si estende in ogni campo, finché trova nell'arte una vera e propria alleata dalla quale si ricavano quelle sottigliezze e sfumature che con sapiente accortezza vengono rielaborate ed adattate alle necessità propagandistiche.

L'arte subisce un graduale processo anatomico dal quale si ricavano elementi che vengono impiegati commercialmente.

Un colore, che il pittore aveva collocato in primo piano per portare avanti un particolare, viene oggi sfruttato in una pellicola cinematografica o in un cartello stradale.

Dalla prospettiva delle linee a quella del colore agli accostamenti cromatici tutto serve per imporre con maggiore potenza un segno, uno slogan, una figura.

I manifesti reclamistici con i loro contrasti di colore, con particolari impostazioni tipografiche, colpiscono l'attenzione anche del più disinteressato passante. Via via attraverso procedimenti di sintesi si arriva ai marchi, alle sigle rappresentative.

Non di rado si vedono su certi manifesti degli accostamenti di colore che ricordano i quadri del periodo del «Divisionismo».

Tutte le esperienze della pittura vengono considerate.

L'Art Nouveau ha esercitato non poca influenza sulla cartellonistica e sulla grafica.

L'esasperazione cromatica dei «Fauves», le schematizzazioni geometriche dei «Cubisti», il colore degli «Astrattisti»; riappaiono in molte pitture pubblicitarie che rivelano la libertà stilistica dei loro autori.

A questo punto data la fusione creatasi tra l'arte così detta pura e l'arte pubblicitaria, ossia applicata, occorre fare una distinzione.

Certi affermano che l'arte applicata non essendo libera non è vera arte; sostengono che nella pubblicità si è schiavi di regole rigide da rispettare e inoltre la destinazione vera di un cartello non è il raggiungimento di un valore estetico, bensì quello di influenzare la volontà di terzi.

Che dire allora dei poeti antichi che dovevano riplasmare il loro pensiero alla rima e alla metrica rigida di certe composizioni?

Sovente questi limiti arrivano a piegare alle loro esigenze la fantasia stessa dell'artista.

L'attività artistica può benissimo soddisfare anche un elemento pratico in quanto per un vero artista non vi sono limitazioni di sorta perché trova sempre una risposta alle necessità del momento.

Un cartellone ben fatto può avere indiscussa qualità artistica, come lo può avere un paesaggio o una natura morta.

L'estro creativo, non trova mai ostacoli per concretizzare l'ideale interno, esso sboccia sempre e trapela in maniera visibile, sotto qualsiasi forma lo si presenti, è la forza dell'artista che nell'interpretazione del soggetto, porta inevitabilmente con sé il segno, la volontà e lo stile dell'autore.

L'arte diventa un'alleata per la pubblicità, la quale nel suo stadio finale, cioè nell'attimo in cui è riportata nei cartelloni, nelle vetrine, nei film ecc. diventa un fatto formale, destinato a trovare esteticamente e commercialmente una corrispondenza nel pubblico.

Allargando il discorso vediamo che l'arte in questo nostro secolo supera certe limitazioni di ieri. Da essa ne derivano elementi non solamente decorativi ma utili che rendono un servizio positivo alla nostra economia. Un nuovo confine del marketing è stato delineato; le basi sono state gettate.

La linea di un mobile o di una poltrona, quella di una casa o di una vettura possono usufruire di tutto il bagaglio artistico di un secolo. E più.

L'arte quindi supera la sua limitazione estetica e viene impiegata nelle varie attività della vita. L'impiego di questi elementi artistici sui beni di largo consumo fa sì che, a lungo andare, il cittadino si educhi ad un gusto più raffinato, aumentando gradualmente il suo gusto estetico.

NUOVE FORME DI COSCIENZA

Abbiamo visto nel capitolo precedente come l'arte offra abbondante materiale alla pubblicità, apportandovi ricchezza di contenuto e altresì forme nuove di linguaggio.

Esistono per contro altri affetti della pubblicità, per cui l'arte nel cedere i suoi elementi costitutivi, diventa complice, sia pur involontariamente di talune violazioni della coscienza individuale e quindi della libertà dell'uomo. Passiamo ad alcuni esempi pratici.

Nel 1957 negli Stati Uniti è stato eseguito un esperimento che, interessante per lo studio della psicologia, raggiunge però l'apice della violazione della coscienza individuale.

James Vicary, studioso delle tendenze di mercato e pioniere nello studio del comportamento del consumatore, inserì dei fotogrammi all'interno delle pellicole del film "Picnic". I fotogrammi erano visibili per un ventiquattresimo di secondo e riportavano la scritta della "Coca Cola".

Parole che apparvero talmente rapidamente che né l'occhio le può percepire né la mente fa in tempo a decodificarle e registrarle.

Il nostro subcosciente ne rimane però suggestionato al punto che questa stessa suggestione ci spinge a mettere in pratica il "suggerimento" che inconsciamente abbiamo ricevuto.

Il risultato fu che durante la proiezione del film, vi fu un amento del 18% delle vendite della bevanda nazionale.

Si è scoperto dunque che l'uomo è praticamente indifeso di fronte a suggestioni che gli vengono date quando egli non se ne rende conto, e perciò difficilmente può proteggersi.

Il nostro secolo ha la prerogativa di impostare ogni azione su una massiccia campagna di propaganda, e per raggiungere questa finalità, non di rado si calpesta la volontà e la libertà dell'uomo.

I sistemi psicologici di suggestione, se usati con determinati scopi, possono mirare a soggiogare la mente altrui.

Con ciò non si vuole biasimare tutta la pubblicità, ma solo quelle forme opprimenti che violano i diritti naturali dell'uomo.

Non sarebbe necessario ricorrere a questi espedienti per reclamizzare il prodotto.

Sovente vediamo che certe Case, serie, conducono una campagna di pubblicità in modo armonico e simpatico, senza ledere e senza infastidire il pubblico. Trattasi di quelle case i cui uffici pubblicitari sanno trarre dalle arti gli elementi più belli e li adoperano per vestire i loro prodotti e presentarli con semplicità.

Il connubio arte-pubblicità diventa sempre più evidente, l'una affiancata all'altra si estendono in ogni campo delle attività umane; e attraverso un processo di reciproca scambievolezza si raggiungono effetti sorprendenti.

Gli effetti di tale connubio arrivano ancora a dare altri risultati nel campo delle arti.

Se è vero che l'arte offre abbondante materiale alla pubblicità, è pur vero che questa deve usufruire in modo conveniente di questa vena inesauribile di ricchezza.

Finora abbiamo visto che l'arte a poco a poco cede i suoi elementi costitutivi alla pubblicità, la quale da una parte si arricchisce, e dall'altra si scompone, dando vita a nuove forme d'arte.

La rappresentazione può non avere più linee chiare e definite ma essere costituita da un simbolismo suggestivo che non si traduce esattamente in termini logici o in immagini compiute, ma in motivi vaghi, sfuggenti.

La nuova arte si traduce in frammentismo artistico, che può corrispondere ad una dispersione e una rinnovata ricerca spirituale.

ARTE E AMBIENTE

Il cammino dell'arte ha visto diverse fasi, talvolta vissuta come elemento impopolare, spesso è entrata nell'ambito familiare, a scopo puramente affettivo, o estetico, quand'anche non fosse per ragioni speculative. Senza una vera e propria funzione sociale.

Il problema dei rapporti che corrono tra arte e ambiente non è solamente il tema di oggi. Di volta in volta esso ha assunto caratteristiche ed esigenze in correlazione ai costumi e al gusto del tempo.

Oggi però il connubio Arte-ambiente viene considerato sotto un aspetto integrativo.

Vi è infatti nell'uomo moderno il desiderio di utilizzare le sue componenti umanistiche e tecnologiche, integrandole e inscrivendole in un cerchio di attenzioni riportate nell'habitat umano.

La semplice decoratività ambientale, quando non sia integrata dall'opera d'arte rappresenta una divagazione e non raggiunge la necessaria funzionalità.

D'altro canto una eccessiva sopraffazione tecnologica può danneggiare seriamente quegli elementi poetici ed espressivi senza i quali un'opera, non può essere definita vera opera d'arte.

È appunto verso una forma equilibrata, che deve essere condotta la ricerca artistica, particolarmente nel nostro caso riguardante l'arte-ambiente.

L'ambiente è dove l'uomo opera, esso va quindi concepito e creato in modo che l'uomo trovi in esso la necessaria funzionalità, in un clima di comfort e armonia, non disgiunto dall'elemento estetico.

L'omogeneità che ne deriva, la distensione e la razionalità, danno una garanzia per l'ambiente facilitando l'uomo nei suoi molteplici atteggiamenti della sua esistenza.

AL DI LÀ DELL'ARTE

Questo impiego delle arti al servizio quotidiano esteso dalla pubblicità agli ambienti, all'impiego pratico sui beni di consumo, apre un nuovo capitolo dando nuove possibilità ai produttori di creare oggetti che parallelamente alla funzionalità si presentano con una linea nuova, razionale, moderna.

È il tempo dell'arte funzionale, sono le arti applicate che domani serviranno sempre maggiormente alle necessità umane.

Si raggiungono così mete elevatissime che pongono le arti nella massima luce e le elevano oltre la loro comune destinazione.

Ancora una volta le arti del nostro secolo si spingono al di là della loro comune destinazione estetica, sprigionando tutta la loro inesauribile ricchezza di bellezza e praticità.

Quasi che l'uomo creando un'opera d'arte dia la possibilità ad altri di servirsene per i propri scopi, adattandoli ai vari tempi e alle proprie necessità.

Negli anni '60 una nota fabbrica di macchine fotografiche che produceva prodotti con forme squadrate e poco maneggevoli rischiò di fallire a causa delle poche vendite. L'azienda si rivolse ad un noto designer industriale che suggerì una modifica strutturale alla forma della macchina stessa. Si suggerì una forma ridotta, arrotondata e con una conformazione ricordante una pistola. Il tutto veniva attaccato alla cinghia, e i giovani, che erano il target della vendita, sentivano il richiamo quasi militaresco della nuova forma. In tal modo la ditta si risollevò nelle vendite.

S'intravede l'eterno ciclo della storia, il legame degli eventi, la rielaborazione delle cose; anche piccole cose, anche quelle, verso le quali in passato non si è guardato, oggi possono essere riprese e sviluppate.

ARTE E MORALE

Abbiamo cercato di vedere fin qui la funzione dell'arte nelle diverse espressioni del vivere umano e quale valore abbia assunto nel processo evolutivo del pensiero. Vediamo ora quale può essere il rapporto tra valore estetico e valore morale.

Il valore morale nell'arte è stato oggetto di studio da parte dei più grandi maestri, anche se taluni asseriscono che commisurare l'arte e porla al confronto con la morale vuol dire diminuirla.

La moralità, altro non è se non l'attuazione piena e consapevole di una legge etica, nella vita individuale e collettiva.

I valori dello spirito non sono come certuni affermano, espressioni puramente retoriche, bensì condizioni supreme ed ultimo fine della mutevole scena del mondo. Solamente un animo grezzo e refrattario può escludere dalle varie fonti della spontanea ispirazione dell'artista, le aspirazioni morali dell'umanità nella quale egli stesso opera.

Ciò che è presente nella coscienza, non può mancare nell'arte se, tra uomo e artista esiste una fusione omogenea e compatta.

Dante, Shakespeare e Michelangelo, massimi lumi di poesie e d'arte, hanno sentito questo ideale spirituale. Esprimendo il loro mondo d'arte, hanno espresso anche il loro mondo morale e interiore.

Facendo riferimento a questi sommi maestri del passato, De Gasperi ebbe a dire in uno dei suoi discorsi:

> «La coscienza morale è quella fiamma che di generazione in generazione ci fu trasmessa, come patrimonio sacro, dagli antenati. Non lasciatela spegnere, ci gridano da un secolo all'altro i nostri grandi, e con la stessa voce ci parla accorato Leonardo nell'Ultima Cena e risuona come grido terribile nel Giudizio della Sistina. Lo Scalpello, il bulino, il pennello degli artisti, la penna dei filosofi e dei poeti ripetono di secolo in secolo lo stesso ammonimento»[8].

---

[8] AA.VV., *"Alcide De Gasperi"*, Editore Camera dei Deputati, 1985

Se l'importanza della morale nella vita non è contestata da alcuni, a maggior ragione essa ha da essere difesa nell'arte, che esprimendosi liberamente per segni o simboli, può essere compresa da tutti e ovunque.

La forza d'espressione d'una determinata spiritualità è centuplicata dalla potenza suggestiva dell'arte; essa penetra nella mente e nel cuore non soltanto attraverso i soggetti o gli argomenti o i temi preferiti, da una determinata forma d'arte, ma soprattutto allraverso lo stesso stile, in cui quella spiritualità si è fatta volontà e modo di formare[9].

L'ARTE DI OGGI

L'uomo sente la necessità di credere che le lotte, le speranze, le gioie, i sentimenti della sua breve giornata non cadranno nel nulla, ma rimarrà qualcosa di lui che non renderà vano il suo passaggio sulla terra. Egli vede nella vita millenaria le generazioni scomparse, e le vede attraverso le opere che ci hanno lasciato, così come quelle successive vedranno le nostre.

I grandi uomini non muoiono mai, essi sono immortali, perché vissero intensamente, sino a lasciare a noi un segno profondo per mezzo delle loro opere.

---

[9] Stefanini, L., *"Estetica e Cristianesimo"*, ed. Pro Civitate Christiana, Assisi, pag. 29.

Alla stessa maniera quindi le nostre opere devono riportare determinati elementi.

I periodi classici sono impregnati di contenuti, mentre le epoche di transizione possono esserne meno ricche. In esse talvolta vediamo trionfare il manierismo, la ricerca di effetti che volutamente si allontana dall'arte per percorrere strade alternative.

Gli artisti del gesto, quelli che scagliano i colori sulla tela, che la tagliano o la macchiano con nuove tendenze, possono sì divertire o stupire una generazione, ma operano con una motivazione che è al contrario dell'essere priva di contenuto.

Dobbiamo comunque tenere presente che vi è, in taluni casi un'incomprensione di vedute tra artista e pubblico.

I motivi principali di questa incomunicabilità si riducono a grandi linee a due elementi: una parte del grande pubblico desidera chiarezza e facilità di comprensione quando si trova d'innanzi ad un'opera d'arte, senza porsi grossi problemi di decifrazione per comprendere il linguaggio dell'artista.

Dall'altra troviamo l'esigenza dell'artista di esprimere il proprio mondo interiore, con le sue passioni e i moti dell'animo, in totale libertà, senza sentirsi obbligati a racchiudere l'essenza del loro sentire in schemi precostituiti.

Le forme artistiche, come abbiamo visto, riflettono sotto un certo aspetto i caratteri di un'epoca.

La letteratura, il cinema, il teatro, la musica, la poesia, sono tutte forme d'arte che interessano gli uomini di oggi, tuttavia non si può non notare che essi possono venire abusati nel rappresentare i lati più brutali e crudi della vita. Il sesso nelle sue forme più triviali.

L'esistenza umana è spesso esaminata sotto i suoi aspetti negativi. Vediamo sovente nelle mostre di oggi che i temi prediletti dagli artisti sono il vizio, l'alienazione e qualunque altra forma del male.

Nonostante sia una realtà inconfutabile, c'è da chiedersi perché soffermarsi sugli aspetti più lugubri della società o dell'animo umano, invece di alimentare un senso dell'arte che evochi emozioni positive, che possa dunque sfociare in un'arte a carattere educativo e pedagogico.

D'altronde l'insistenza su certi temi ha un fondamento psicologico.

Nessuno infatti oserebbe criticare una mostra sulla Deportazione per non essere imputato di razzismo.

Quando queste mostre però vengono eseguite da giovani che sfruttano questi fatti solo come un pretesto per fare dell'arte, annullando così a priori ogni forma di critica, si cade allora nella vera Retorica.

Max Picard nel suo libro, afferma:

> *«Il disfacimento non può essere superato con lo stesso disfacimento, ma solo col suo opposto»*[10].

---

[10] Picard, M., *"L'atomizzazione nell'arte moderna"*, Edizioni di Comunità, 1954

Anche la critica purtroppo cade sovente a parteggiare per queste correnti:

Il trionfo della Giustizia? Diventa retorica!

La ricerca del bello? Convenzionalità!

La Moralità? Conformismo!

L'immoralità di oggi deve farci capire che l'uomo dispone di molti mezzi per sollevarsi da queste lordure e redimere il mondo.

Purtroppo non impiega che una minima parte dei mezzi che ha a disposizione.

Ogni uomo ha il dovere di utilizzare al massimo i valori morali di cui dispone, per sé e per la società.

Abbiamo additato solo alcune manifestazioni di questo tipico processo in cui declina il nostro secolo, ma il fenomeno è identico in tutti i più vari aspetti dell'epoca, e la stessa arte sarà nell'avvenire una documentazione e una conferma.

La febbre dell'arrivismo, l'esasperazione individuale hanno intorpidito la vita interiore e stanno facendo morire quegli affetti e quegli entusiasmi che avevano animato gli uomini all'alba della nostra civiltà.

Sopra questo freddo sonno degli spiriti, s'impone ormai trionfante il formalismo, poiché là, dove la vita degli affetti non riscalda più i cuori, rimangono solamente le forme e le apparenze, corpi senza anima, in cui sembra ancora presente un mondo che invece è scomparso.

Anzi più il linguaggio diventa complicato e ampolloso e più si scorge, in questo sfoggio formale, il vuoto della sostanza.

Ma se la condanna a tanto artificioso formalismo è doverosa, sarebbe però un errore indicare con tale contrassegno tutta l'opera del nostro secolo.

E allora, dove sono le anime elette? I puri? I giusti? coloro che lontano da questa spirale contagiosa, procedono soli e liberi, cercando la luce della giustizia e della verità? Questi devoti dell'arte esistono! Sì! Sono tra di noi; il loro animo semplice custodisce la sacralità delle loro opere.

Sovente il Vero Artista, non è colui le cui opere vengono strombazzate dai critici e dai mercanti, ma può essere un semplice pittore, senza pretese e lontano dal «Mercato dell'Arte».

Accade frequentemente che tra le montagne di opere d'arte di un'epoca solo poche rimangono valide, a volte, quelle attorno alle quali si è fatto meno chiasso e si è badato meno che alle altre; e non occorre neanche che siano le più contese o le più belle.

In una società come quella di oggi che viaggia ad una velocità supersonica, l'arte contemporanea vive momenti di transizione piuttosto brevi. Se prima il passaggio da una forma d'arte all'altra rispecchiava il lento cammino dell'uomo, oggi le nuove frontiere della tecnologia, del progresso, delle innovazioni scientifiche determinano sempre nuove maturazioni artistiche.

Nuove forme artistiche maturano, come il buon grano di campo e, come il buon grano, dovrà farsi strada.

Di diversi artisti abbiamo voluto raccogliere alcune definizioni di cosa possa essere e cosa intendono loro per arte. Dai vari modi espressivi ossia dalle varie scuole, ci giungono suoni diversi, pur essendo le note musicali sempre le medesime.

Picasso: «Io non cerco, trovo!» sono parole sue.

Jackson Pollock invece scrive:

> «Continuo a distaccarmi sempre di più dai miei mezzi tradizionali della pittura, come il cavalletto, la tavolozza, i pennelli, ecc. Preferisco stecche, cazzuole, spatole e un colore fluido e gocciolante, oppure un impasto pesante di sabbia, di frammenti di vetro, con l'aggiunta di altre materie estranee. Quando sono nella mia pittura, non so esattamente che cosa stia facendo. Solo dopo un periodo di "contatto" con essa mi accorgo del punto in cui sono»[11].

Di diversa opinione ci appare Francis Bacon, che fa dire dalla sua penna:

> «L'arte è un metodo per liberare aree di sentimento piuttosto che una mera

---

[11] Taylor R., Micolich, A., Jonas D., *"Fractal Expressionism"*, *Physics World*, 1999

illustrazione di un oggetto. L'oggetto è necessario per fornire il problema e il metodo nella ricerca della soluzione del problema. (...) Mi piacerebbe che i miei quadri apparissero tali da far pensare che un essere umano sia passato fra di loro, come una lumaca, lasciando una traccia di presenza umana e residui mnemonici di eventi passati, come una lumaca lascia la sua sostanza viscida..»[12].

L'ARTE DI DOMANI

Nonostante una parte dell'animo umano sia divenuto sempre più cinico e sterile anche a causa dell'individualismo e da forme sempre più prepotenti di atomismo specialistico, uno spirito cosciente come quello di Le Corbusier, fa echeggiare il vecchio richiamo.

Per lui la vita prorompe dovunque, fuori dai laboratori, ove si fa dell'arte, fuori dai cenacoli, dove se ne parla, fuori dagli scritti in cui si isola, essa localizza e disintegra lo spirito di qualità...

Non v'è dubbio che per molti artisti di oggi la loro musa è ricerca, passione, è la rappresentazione della

---

[12] Bacone, F., *"Time"*, European, Paiaters and Scultors, the Museum of Modern Art, New York 1955

manifestazione visionaria, la responsabilità di osare con spirito e metodo rinnovato.

La nuova prospettiva dell'arte, inizia un suo cammino esplorativo, grazie al quale nuova voce viene data agli entusiasmi che genereranno stupore, piacere o provocazione.

Avere ben chiaro il percorso artistico dell'antichità e dei tempi passati, facilita la comprensione col presente e col futuro.

Forte delle esperienze passate, l'artista moderno guarderà al futuro, con sicurezza e lealtà, e forse lo stesso periodo "difficile", sarà per lui il rodaggio necessario per sviluppare appieno le sue risorse spirituali.

L'artista si sa, necessita di tutta quella esperienza di cui s'intesse la vita, per poterla rappresentare. L'opera dell'artista non viene pregiudicata dalla sua posizione nella vita, qualunque essa sia.

L'infelicità fu per il Leopardi motivo di altissima poesia. La vita difficile di Mozart e di Caravaggio non li scoraggiò dall'invenzione artistica; né la sordità di Beethoven riuscì a tarpare le ali dell'ispirazione musicale, pur rendendo l'illustre, profondamente infelice.

E infine l'esilio fu per Dante il fallimento della sua vita politica, ma, mentre l'esule cantava «*Come sa di sale lo pane altrui*», l'ala del genio lo portava in alto, lontano, nei cieli della poesia, che pareva trarre, singolare alimento, da tanta amarezza.

Abbiamo visto come l'arte segua il processo evolutivo dell'uomo.

Notiamo che proprio in questi ultimi anni, la nostra società tende a riformarsi radicalmente con misure nuove suggerite dalle necessità stesse della vita.

Gli ultimi avvenimenti politici, le parole del Papa, nella definizione di alcuni problemi mondiali, fanno pensare che qualcosa debba senz'altro cambiare.

Anche l'arte quindi risentirà questo nuovo soffio liberatore, e in questo clima vi sarà un ritorno ai valori reali. I mezzi d'espressione si trasformano ma la fede e l'amore restano gli stessi. Un medesimo ideale unisce gli artisti dell'antichità e quelli di oggi.

L'arte si evolve continuamente sia nella tecnica che nello spirito, ma vi sono in essa delle regole di armonia che non si possono ignorare. Possono gli artisti di un qualche periodo dimenticarle, talora disprezzarle, i posteri vi ritorneranno inevitabilmente.

Nessun tempo e nessuna arte, per quanto grande, hanno mai potuto dire, né mai potranno dire, l'ultima parola.

Noi accettiamo il cambiamento dei mezzi espressivi, ma biasimiamo quell'arte che facendo scudo sulla dialettica moderna, cerca di nascondere il vuoto della sostanza.

È sbagliato pensare che la vita moderna sia impropria alla bellezza classica e che si debba cercare nella bruttezza artificiosa la meta creativa. Anche un taglio sulla tela può commemorare un atto eroico o esprimere un ideale.

Un antico adagio afferma che «*il sacco vuoto non rimane in piedi*». La riscoperta di questa verità confermerà un ritorno alla realtà.

L'onda, dopo essersi infranta contro gli scogli e spumeggiando contro essi, ritorna in basso, si riunisce, forma nuove onde e ricevendo la spinta di quelle che inesorabilmente avanzano verso la riva, s'infrange nuovamente sugli scogli, ripetendo l'eterno ciclo.

Sono i corsi e i ricorsi della vita, già cantati da altissime menti.

Per evitare che l'arte si areni e si cristallizzi, si farà appello a quella bellezza che l'uomo nella sua naturale predisposizione ricerca costantemente nella vita.

Quella bellezza che già Platone cantò nel "*Convito*", giudicandola molto vicina al Bene.

> «*Se mai momento della vita merita di essere vissuto, è quello che si vive quando si contempla la bellezza in sé*».

Nella concezione Platonica, l'arte intesa come imitazione della natura, viene condannata, in quanto riproduce le ombre delle idee, è quindi pericolosa per le passioni che suscita, e distinta dal Bello che è l'ideale incorruttibile.

Aristotele, invece (annullando la frattura Platonica tra l'idea del Bello e l'espressione artistica) affermava che l'arte oltre ad irrobustire la passionalità, placa gli elementi psichici perturbatori rasserenando lo spirito umano.

L'idea del bello unito al bene, all'utilità, alla morale, sarà la meta ambita di ogni grande artista, qualunque possano essere le teorie d'avanguardia, anche se provenienti da scuole d'arte.

Scriveva il Croce:

> «Ho sempre mostrato la più gelida e talora schernitrice indifferenza verso i programmi e le scuole poetiche e artistiche, di qualsiasi indirizzo, perché non ho mai creduto e non credo ad altro che alla " Personalità" poetica e artistica, alla genialità creatrice»[13].

Questo nostro secolo, con il suo carattere dinamico, senza esempio nella storia, non può essere non favorevole alle grandi creazioni dell'arte, che esigono in genere una contemplazione serena della vita.

Forse questo convulso periodo che stiamo faticosamente superando, chiude per sempre un ciclo storico dell'umanità, la quale per merito delle ultime scoperte della scienza e grazie ad una consapevolezza più profonda degli uomini, dei doveri morali, si indirizza verso una civiltà superiore di giustizia e di pace.

L'astro che rischiarò i cuori degli Italiani nel Risorgimento, dopo un suo lungo percorso ciclico ricompare sul nostro cielo e la sua luce ci accompagna nella conquista della natura, sì che l'uomo scopra i segreti della materia.

---

[13] Croce, B., *"La Critica e la storia delle arti figurative"*, *Edizioni LaTerza, 1964*

Chi canterà i nuovi amori? I dolori, le passioni, le primavere nuove?

Il tentativo, da parte dei più audaci, d'ottenere una più forte vibrazione poetica sia per mezzo di nuovi artifici tecnici, sia per mezzo di qualche segreto inviolato, ha visto il fallimento, per la mancanza d'un contenuto umano.

D'altra parte nell'epoca delle intelligenze artificiali e della multimedialità vi è il rischio di anestetizzare i sensi e delegare quel che rimane dell'intelligenza umana ad un algoritmo.

La grande arte dovrà cambiare forma ancora innumerevoli volte, risorgerà in un mondo migliore, quando gli uomini saranno convinti che senza contenuto non esiste l'arte. Occorre riprendere con una visione moderna della vita, l'interrotto cammino etico dell'uomo.

È giunta l'ora di allontanarsi dal lamentoso sentimentalismo ottocentesco, staccarsi dal decadentismo D'Annunziano.

Bisogna ritrovare il senso smarrito dell'equilibrio e dell'armonia.

Mai furono così maturi i tempi per comprendere Dante e Galileo, Manzoni e Croce.

La ricerca delle piccole cose è finita.

Le dissonanze e i contrasti del nostro secolo, forse si presenteranno in una linea chiara e unitaria a chi li guarderà a distanza nel tempo.

Malgrado l'aiuto della critica le incomprensioni purtroppo rimangono. Il giudizio, l'impressione o il gusto non sono sufficienti per una valutazione obiettiva.

Alcuni critici, anche bravi, hanno scritto in passato pagine di elogio per delle opere, sulle quali oggi non esprimerebbero un'eguale lode. È bastato un frammento di tempo, un cambiamento di gusti perché si mutassero le rime.

È necessario attendere che il tempo collochi ad una certa distanza l'epoca che noi viviamo, perché possa sorgere un giudizio valido e sicuro. E, la storia, con le sue linee tradizionali ormai cristallizzate, darà l'ultima vera sentenza, rievocando le voci migliori.

È doveroso ricordare in questa breve stesura coloro che con mente altissima gettarono le prime basi per lo studio dell'uomo visto nella proiezione dei secoli.

È un omaggio alla voce del Machiavelli, che prendendo le mosse dalla natura dell'uomo e della storia, ne derivò la sua scienza.

Su questi fondamenti egli compose e armonizzò la sua legge. Il suo pensiero procede in forma sistematica indagando per primo e meditando sui fatti storici, tenendosi ad essi concretamente avvinto.

Egli chiarisce i punti essenziali del suo secolo e invita il pensiero futuro a ricomporre su basi, che egli stesso sintetizza, la nuova via della politica e della morale.

Più tardi sarà la voce del Vico che studiando lo svolgimento spirituale, rivendicherà il valore del sentimento.

Anche se nelle pagine del Vico non troviamo un'ordinata disposizione delle sue idee pure egli si dimostra egualmente grande quando né la Scienza Nuova concretizza con vive immagini le più sottili astrazioni filosofiche, in una sequenza continua di visioni grandiose ispirate ad una gigantesca spiritualità.

Mentre l'erudizione per molti, rimase fine a sé stessa, per il Vico diventa un punto di partenza per una verità più profonda.

Ad essi la storia svelò il linguaggio con cui fu costruita. Il valore di questa scoperta illumina la nostra via e ci fa comprendere che è assurdo concepire una forma di vita basata sul solo intelletto.

Sollevati in altezza, dalle pietre che essi posero, dobbiamo sul loro esempio guardare alle altre espressioni dell'uomo, specie a quelle artistiche dove la spontaneità del pensiero creativo ci permette di cogliere più da vicino la verità.

CONCLUSIONE

Dopo aver esaminato con un senso critico gli aspetti e le origini di certe tendenze espressive, viene spontaneo di chiederci quale potrà essere lo sviluppo futuro di queste correnti artistiche e cosa ricaveremo da esse.

La storia ci insegna che ogni cambiamento non avviene mai in modo repentino, ma nell'ambito del processo trasformativo intervengono diversi fattori che interponendosi alla spinta evolutiva, pongono un'azione frenante.

Tali reazioni naturali e logiche, pur essendo apparentemente un impedimento sono esse necessarie. È appunto la lotta contro queste, che irrobustisce la corrente principale e trova così ragione di esistere, avendo sorpassato con forza e con durata le altre correnti contrarie.

La ricerca dell'uomo è la verità, reale e assoluta. Ogni esperienza, nel campo espressivo è quindi necessaria perché da esse o si ricavano elementi che andranno a rafforzare l'ideologia predominante, oppure sono destinate a perdersi, e anche in tal caso hanno assolto una loro funzione, quella cioè di alleggerire il fardello centrale in quanto pur essendosi presentate non sono riuscite ad emergere e nel vasto quadro statistico delle correnti artistiche si possono accantonare.

Molte correnti pur nate pochi anni fa sono già decadute. La loro fugace apparizione è stata accolta inizialmente con entusiasmo e curiosità. Si pensava che esse dessero una risposta a certi insoluti, ma piano piano la loro eco si è spenta fino al silenzio; segno evidente che queste correnti non avevano più niente da dire.

Si sono affacciate con un programma brillante, sorrette da presentazioni altisonanti per poi dire poche cose, a volte niente e quindi ritornate al silenzio, furono presto dimenticate.

Come il sarto inventa la moda che si disperde nel giro di poche stagioni, così le arti di oggi, nascono e muoiono nel giro di brevissimo tempo. I cambiamenti repentini, la ricerca di formule nuove per comunicare, testimoniano la crisi spirituale del nostro tempo; nonché il turbinoso travaglio di un'arte nella continua ricerca di nuove strade.

Questa evoluzione possiamo paragonarla ad una fonte, che scaturisce dalla roccia e avanza, discende, si divide, si ricongiunge finché arriva alla pianura. Ivi s'allarga fino a divenire un grande fiume che procede limpido e maestoso, fecondando sulle rive una fiorente vegetazione.

Talvolta, lungo il percorso, ha trovato vari ostacoli, ma li ha sempre felicemente superati. Oggi questo fiume è sfociato in una vasta palude, ed ha perduto la sua purezza e la sua limpidezza primitiva, perché una tempesta, smuovendo le acque ha sollevato dal fondo paludoso gran parte delle impurità.

Noi ci troviamo attualmente sulle rive di questo fiume e assistiamo a questo continuo cambiamento artistico e ideologico, certi e fiduciosi di ritrovare elementi di crescita morale e sociale.

Solo in un'atmosfera palpitante di bellezza e di verità, nell'universale ricerca del bene, la storia e il progresso, levitando, daranno agli uomini la possibilità di avvicinarsi ai più puri, ai più alti; ai più sublimi ideali.

INDICE

BIBLIOGRAFIA

- AA.VV., "*Alcide de Gasperi*", Editore Camera dei Deputati, 1985
- AA.VV., "*Estetica e Cristianesimo*", ed. Pro Civitate Christiana, Assisi, pag. 29.
- ARGAN, GIULIO CARLO, "*Guida a Storia dell'Arte*", Editore Sansoni, 1974
- ARGAN, GIULIO CARLO, "*Salvezza e caduta dell'arte moderna*", Il Saggiatore, 1964
- BACONE, F., "*Time*", European, Paiaters and Scultors, the Museum of Modern Art, New York 1955
- BARANNA, GUGLIELMO, La Sacra Liturgia, pag. 655., Editrice Elledici, 1990
- BERTEAUX, E., "*Rome*" Libraire Renouard H. Laurens, 1904-1905
- CROCE, BENEDETTO, "*La critica e la storia delle arti figurative*", Edizioni LaTerza, 1964
- DORNER, ALEXANDER, "*Il superamento dell'arte*", Edizioni Adelphi, 1964

- INGA-PIN, LUCIANO, "*Cosa deve un ambiente all'arte*", TRATTO dalla rivista Italia Moderna, pag. 36.

- LAURENT, MARIE-C'ELILE, "*Valore Cristiano dell'arte*", ed Paoline, pag. 123.

- LE CORBUSIER, "*Quand les Cathédrales étaient blanches*", ENRICO THOVEZ, 11 Vangelo della pittura.

- LERCARO, G., "*L'artista e la Chiesa*", Chiesa e Quartiere n.7, U.T.O.A., Bologna, 1958

- MARIANI, VALERIO, "*Conversazioni d'arte*", Libreria Scientifica Editrice, 1957

- NICOLAU, MIGUEL, "*Costituzione Liturgica del Vaticano II: testo e commento teologico e pastorale*", Edizioni Paoline, 1965

- OCHSÉ, MADELEINE, "*Un'arte Sacra per il nostro tempo*", ed. Paoline, pag. 6.

- PICARD, MAX, "*L'Atomizzazione nell'arte moderna*", Edizioni di Comunità, 1954

- JACKSON POLLOCK, "*La mia pittura*", da Possibilities, pag. 78 e 83.

- SEVERINI G., BOCCIONI U., CARRA' C. D., RUSSOLO L., BALLA G. "*Manifesto dei pittori futuristi*", Poligrafia Italiana, 1910

- STEFANINI, L., *"Estetica e Cristianesimo"*, ed. Pro Civitate Christiana, Assisi, pag. 29.
- TAYLOR R., MICOLICH, A., JONAS D., *"Fractal Expressionism"*, Physics World, 1999